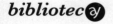

Biblioteca Âyiné 12

A POLÍTICA DO IMPOSSÍVEL
Stig Dagerman

Título original *Essäer Och Andra Texter*
Brinnande hjärtan, Horisonten: Den nya reaktionen, Diktaren och samvetet, Min synpunkt på anarkismen, Pessimism – mod eller mode?, Vad har den klassiska litteraturen betytt för er?, Diktens uppgift att visa frihetens mening, Om fallet Petkov, Att skriva på, Hur ser ni på s.k. världsmedborgarrörelsen?, Inför halvsekelskiftet, Horisonten: Bragelöften, Debattinlägg om öst och väst, Väl mött i Sheffield, Sorgens diktatur, Den ljusnande framtid…, Strövtåg i Klara

© Editora Âyiné, 2021, 2. ed.
Todos os direitos reservados
Primeira edição: Norstedts, Estocolmo, 1958
© Stig Dagerman, 1942-54, 1958
Publicado em acordo com Norstedts Agency

Tradução Flávio Quintale

Preparação Pedro Fonseca

Revisão Fernanda Alvares, Andrea Stahel, Ana Martini

Imagem da capa Julia Geiser

Projeto gráfico Renata de Oliveira Sampaio

Diagramação Rita Davis

ISBN 978-65-86683-68-4

Editora Âyiné
Belo Horizonte · Veneza

Direção editorial Pedro Fonseca

Assistência editorial Érika Nogueira Vieira, Luísa Rabello

Produção editorial André Bezamat, Rita Davis

Conselho editorial Simone Cristoforetti, Zuane Fabbris,
Lucas Mendes

....

Praça Carlos Chagas, 49 – 2º andar
30170-140 Belo Horizonte – MG
+55 31 3291-4164
www.ayine.com.br
info@ayine.com.br

A política
do impossível
Stig Dagerman

Tradução de Flávio Quintale

7	Corações ardentes
13	Horizonte: a nova reação
17	O escritor e a consciência
31	Meu ponto de vista sobre o anarquismo
39	Pessimismo: coragem ou moda?
43	O significado dos clássicos
47	A tarefa da literatura é mostrar o significado da liberdade
51	O caso Petkov
57	Assinatura
61	O movimento dos cidadãos do mundo
65	Às vésperas da metade do século
67	Uma promessa solene
69	Contribuição ao debate entre Oriente e Ocidente
73	Bem-vindos a Sheffield
79	A ditadura do luto

85 **O futuro radioso...**
Resposta a uma formanda

89 **Passeando pelas ruas de Klara**

Corações ardentes

1943

Publicado em dezembro de 1943 na revista dos jovens anárquicos *Storm*.

Os versos citados no início do artigo foram retirados da poesia *Revolusjonens røst* (A voz da revolução), do norueguês Rudolf Nilsen (1901-29).

Como diz o poeta

Dê-me corações ardentes, que jamais mudem e se percam em incertezas, mas que encarem cada triunfo e cada derrota com o mesmo invulnerável sorriso.

Corações ardentes. Quem ainda se interessa por corações? E por poetas? Evidentemente, quem precisa ter um coração preparado e são é o piloto que alça voo para bombardear e espalhar a morte por todo lado, além, claro, daquele que está no comando da metralhadora com a missão de mandar chumbo no peito e no estômago dos outros; esse tipo de homem não pode carregar do lado esquerdo do peito um órgão feito de açúcar. Mas ardentes? Não, meu amigo, se fosse assim teria sido descartado na seleção médica como um morto-vivo. Só de ouvir falar, conheceria o efeito devastador de uma granada, a realidade cruel das nuvens de pólvora de um bombardeamento e o pequeno inferno, talvez não tão pequeno assim, que é estar em um navio vendo o inimigo trazer a morte.

E imagine como seria, cara srta. Johansson, se você, você mesma, tivesse um coraçãozinho ardente dentro do peito naquela hora. Provavelmente não estaria sentada como está agora, com a testa franzida, anotando impecavelmente em seu caderninho tudo o que diz o sr. diretor. Talvez não estivesse aqui agora. Talvez outras coisas tivessem acontecido. Vai saber. Corações ardentes são tão imprevisíveis. Melhor assim, talvez. Pode ser melhor que seu coração tenha esfriado com o tempo, sr. atirador de bombas, sr. soldado faz-tudo; e o seu também, senhorita com o caderninho. Muitas outras coisas ardem, mesmo quando o coração está apagado.

E, entretanto, uma pequena objeção tenta emergir com cautela da completa escuridão, um relógio badala, ou talvez não seja um relógio, com batidas firmes e precisas no silêncio uivante. Cale-se, ouviu? Metralhadoras, não, algo ainda mais forte; bombas, não, nem de perto; tiros de canhão, máquinas de escrever, slogans de propaganda, sirenes de ambulância? Nada disso. Não dá para adivinhar. Pense bem. E se fosse aquilo, sim, aquilo que faz os poetas falarem e os outros calarem? Pensem, srta. Johansson e todos vocês aí, se entre o barulho da guerra e o ruído da praça surgisse um som de prata, de flauta, com uma mensagem para seus ouvidos, para suas orelhinhas, sim, justamente para vocês, vocês, você. Sim, tudo pode acontecer. Talvez, uma noite, a lua despedaçada da poesia, fixando com olhar frio a Flandres longínqua, acenda um fogo que não aquecerá dedos dormentes, pés congelados em botas, corpos duros em fardas militares. Não, não um fogo aceso por soldados mortos de frio no meio de uma das grandes florestas da guerra, não uma fogueira feita de palha tomada de um estábulo, mas um fogo de chamas impetuosas e constantes, destinado a durar, capaz de aquecer corpos congelados e corações frios. Um dia talvez o primeiro coração acenda, ou pode ser que já esteja aceso; talvez ardam os corações no gelo dos fronts, na couraça de um submarino ou no arame farpado de uma prisão de guerra sob a solitária lua flamenga. Quiçá já seja assim. Talvez um dia o poeta tenha seus corações ardentes. Talvez o mundo tenha. Sim, o mundo precisará de corações ardentes, de estrelas luminosas e de jovens cheios de disposição e vigor, quando terminar a guerra e se restabelecer a paz. Corações jovens, mentes jovens e corpos jovens farão o mundo jovem novamente.

«Os teólogos falam e querem ser ouvidos em meio aos estrondos, entre os vermes da guerra que avançam inexoravelmente. E nós, os jovens, escutamos e queremos manter os valores que consideramos os mais elevados, defendemos todos com nossas palavras, pegamos em armas para lutar por eles. Esse é o nosso amor ao próximo e a tudo aquilo que vive, o azul do firmamento e o orvalho que brilha nos campos. Mas nossa vista é ofuscada pelo visor do capacete, cinza como uma tempestade de outono. Não vemos as flores nos campos nem os pássaros, porque queremos individualizar o próximo na mira e abrir fogo naquela maravilha que é um peito vivo, um coração pulsante.» Isso é o que escrevia um garoto, um amigo, em uma revista juvenil. Era um secundarista sueco poupado, se não de vestir o capacete, pelo menos de precisar se exercitar com baioneta e rifles em alvos humanos vivos.

Muitas outras coisas foram poupadas. Para nós nada aconteceu além de ouvir passos de botas em marcha ou batidas fortes na porta e soldados estrangeiros com vozes duras pulando da cama para subir em caminhões. Nenhuma mão bruta nos jogou em cela de prisão de porta de ferro e paredes grossas nem fomos obrigados a confessar nada sob tortura; temos nossas unhas e nenhum sinal de flagelação nas costas. Ninguém de nós foi raptado na névoa matinal, colocado diante do pelotão de execução e crivado de bala. Não, somos sortudos, ou pelo menos não sofremos nada de mau, foi tudo até bom demais. Talvez não sejamos nem mesmo capazes de apreciar a tranquilidade do nosso destino. Talvez tenhamos até certa frieza com relação ao sofrimento alheio, acompanhamos com indiferença as notícias e pensamos: sim, verdade, é horrível, mas não foi comigo, não tenho nada a ver com isso.

Não, não foi com você, mas você tem tudo a ver com isso. Você foi vigiado por policiais armados pelas ruas de Oslo, que controlavam sua vida e sua casa. Controlavam você e sua existência, porque... Por quê? Bom, porque você tem um coração, claro que tem. E porque é jovem, claro que é. E porque logo voltará a luz, claro que voltará. Por todas essas razões, o coração, a juventude e a luz, vivemos em segurança a vida dos perseguidos e esperamos no fundo da alma o dia em que os corações vão se incendiar, e serão os próprios corações a arder para lá de todas as fronteiras. Nesse dia, o poeta terá seus corações ardentes, não haverá mais dúvida e encararemos a derrota com o mesmo sorriso invulnerável de triunfo. Esse dia chegará, e logo. Temos certeza. Sentimos em nossos corações. Em nossos corações ardentes.

Horizonte: a nova reação

1945

Publicado em 29 de junho de 1945 no jornal anarcossindicalista *Arbetaren*.

Ture Nerman (1886-1969) foi um escritor, jornalista e político sueco. Forte apoiador de um comunismo antistalinista, nos últimos anos de sua vida defendeu que a Suécia aderisse à OTAN e se expressou a favor da política norte-americana no Vietnã. Sten Söderberg (1908-81) foi escritor, jornalista e tradutor. Günter Dallmann (1911-2009) nasceu em Berlim, foi colaborador na juventude da *Weltbühne*, de Carl von Ossietzky e Kurt Tucholsky, emigrou em 1933 para Paris e em 1934 se fixou definitivamente na Suécia, onde continuou sua atividade política e literária. O jornal *Svenska Dagbladet*, fundado em 1884, é expressão de uma opinião pública moderada e conservadora, já o *Ny Dag* foi entre 1929 e 1990 o jornal do Partido Comunista Sueco.

R evelou-se muito perigosa a concepção popular, que seria realmente ótima se fosse verdade, de que o pensamento reacionário se restringe aos próprios reacionários, individualizado somente em algum tipo particular de nacionalismo desesperado do bairro de Östermalm. Perigosa porque desvia a atenção e induz a pensar que tudo o que vem, por exemplo, dos chamados progressistas é realmente progressista e tudo o que vem dos radicais é realmente radical. As consequências nefastas dessa concepção apareceram nas recentes discussões sobre literatura, nas quais se misturam ideias sociais indubitavelmente revolucionárias, expressas no passado por Ture Nerman, e opiniões reacionárias sobre a literatura, os escritores modernos e suas incansáveis buscas por novas formas, consideradas obtusas e «propositadamente obscurantistas». Esse tipo de formulação é absolutamente compreensível vindo de quem não leva a literatura a sério, mas o problema é que virou moeda corrente no debate literário.

A literatura policial teve destino semelhante. Critica-se certamente a imitação, mas, desde o *Svenska Dagbladet* até o *Ny Dag*, todos os jornais são unânimes em condenar os autores suecos do gênero tanto por copiarem e imitarem o estilo, entre outras coisas, excessivamente baseado no modelo norte--americano, como por defenderem seus *direitos* e *deveres* de escritor e suas próprias concepções sobre a vida. Isso é reacionário, ainda que os ataques venham da esquerda radical, o que acaba confundindo um pouco as coisas.

No último número da revista *Samtid och Framtid,* Sten Söderberg, um dos defensores da nova corrente reacionária, acusa alguns escritores jovens de «nazismo literário», ou seja, de «indiferença aos ideais humanitários» e «frieza pela própria insensibilidade». O erro dos norte-americanos e de seus discípulos suecos, segundo Söderberg, é o de «limitar-se a constatar». Subentende-se «limitar-se a constatar», falando metaforicamente, as crateras abertas pelas bombas, a destruição e as fossas comuns. Se, ao contrário, «se limitassem a constatar», sempre falando metaforicamente, o jardim de rosas, os gatinhos, as velhinhas com lenço na cabeça e o livro de orações nas mãos, Söderberg não teria nada a reclamar, assim como o crítico marxista não teria nada contra caso «se limitassem a constatar» a presença de barricadas (em locais onde nem mesmo se sabe o significado dessa palavra) ou de bandeirinhas vermelhas sobre a escrivaninha (onde ao mesmo tempo se defende o rei Carlos XII). É essa visão torta dos novos reacionários sobre os deveres do escritor que é preciso combater.

E isso felizmente já ocorre no novo número da revista, em que Günter Dallmann, em um artigo muito equilibrado, diz preferir «a mística da violência, que produz protestos e mal-estar, às tolices supostamente edificantes que produzem apenas imobilismo». Ele também declara compreender a situação da literatura policial, que, em certo sentido, é típica da juventude.

O escritor e a consciência

1945

Publicado na revista literária *40-tal*, número 6 de 1945.

O escritor, poeta ou prosador senta-se à escrivaninha. Seguramente a luz noturna iluminará as teclas da máquina de escrever, o tinteiro de cobre e as volumosas folhas de manuscritos. Fora, pode ser que a chuva toque o parapeito da janela, que os pássaros piem sobre a tília ou, por que não, que a tempestade de neve sibile em uma noite de inverno rígida.

Pode vir inesperadamente à mente dele que existe algo muito além num grito, num ululo ou num sussurro (a intensidade é irrelevante nesse caso), esperando para tomar forma, para existir. Pode parecer que esse algo estende sua sombra sobre o escritor. A sala ao seu redor talvez desapareça. Nesse momento, as proporções desse algo se revelam paradoxais.

Para não arriscar se deixar levar por um desconforto infinito, intimamente relacionado à sensação de ter perdido uma ocasião (não se sabe o tamanho, o que torna o desconforto ainda maior), o escritor tenta dominar as coisas. Tem consciência de que consegui-lo é uma necessidade absoluta para si, porque as dimensões das coisas o assustam e a negligência lhe causa insatisfação ou, no melhor dos casos, dor de cabeça.

Naturalmente, é impossível indicar um método exato. Não se trata de um processo de condensação nem de um cálculo matemático. Esse algo que se estende sobre ele se apresenta sempre de um modo diferente. Como uma bola a ser chutada para cima, como mãos estrangulando o pescoço que devem ser afastadas, ou ainda – e nesse caso podemos apenas imaginar – como algo debaixo de uma folha de papel coberta de cal que deve ser rapidamente limpa.

Quando acaba, ou seja, quando cobre de palavras cada linha, percebe com surpresa o quanto foram reduzidas as proporções daquele algo. Tudo está preenchido, o que, no início, causa um pouco de desilusão. Claro, ele sabia que a poesia, ou qualquer que fosse o detrito, apareceria microscópico em relação à experiência com a cal. Além disso, era claramente indispensável para seu equilíbrio interior reduzir as proporções a um tamanho normal. Se houvesse tido força, teria preferido naturalmente esquecer a história a ser limpa, mas não era o caso, e não ousou fazê-lo.

O fato, contudo, está lá. Criou algo definitivo – mais ou menos contra a própria vontade. Pode no máximo intervir em alguns detalhes: pode trocar «pássaro» por «galo caipira» e «sofá» por «cadeira de balanço», mas não pode fazer muito além disso.

Já não existe necessidade de defesa. Cumpriu seu dever. Venceu a própria criação. E pode constatar o absurdo de se sentir orgulhoso de ter sido vencido. Está completamente certo de que a imagem evocada com a limpeza da cal corresponde em tudo, sem tirar nem pôr, à sua experiência. Em outras palavras, está satisfeito e sente a necessidade urgente de comunicá-lo ao mundo inteiro, ou pelo menos àquela parte do mundo que sabe poder convencer. Por favor! Essa experiência foi vivida! Veja a beleza que resplandece da grande sombra! Consideremos que todos estejam de acordo. Talvez seu mundo não seja tão grande e se deva esperar de alguns o falso senso de lealdade de determinadas amizades, enquanto outros se deixam enganar pela tal experiência vivida porque conhecem apenas experiências de segunda, de terceira e até de mesmo de quarta mão. Alguém reconhece a fraude, mas finge não saber, porque conhece a boa-fé do escritor, outro se cala e guarda para si a perplexidade do blá-blá-blá, porque compreendeu que sua obra não diminui de valor e de qualidade mesmo sendo uma experiência de segunda mão.

Tudo isso, porém, pode pouco a pouco fazer com que o escritor se deixe dominar por aquilo que podemos chamar de arrogância. Presunção que, de toda maneira, tem seu charme, ainda que opaca e vacilante. Isso decorre, sem dúvida, do fato de que o escritor consegue, pela primeira e provavelmente última vez, convencer-se de ter atingido o infinito dentro de limites sólidos e indestrutíveis. O que, claro, é de exaltar. Ele, que no início era uma pedra se equilibrando no topo de um monte, acaba protegido sob a sombra de um salgueiro; a bétula frágil exposta à tempestade de repente se vê transportada ao jardim botânico de Estocolmo. Crê finalmente ter encontrado a estabilidade há muito desejada. Uma segurança agradável toma conta dele, semelhante à tranquilidade do aposentado bem remunerado. Logo vai se tornar perigoso, pela completa ausência de problemas, obstinando-se a apresentar sua forma de vida como a ideal.

Inesperadamente, contudo, vem o choque. Na verdade, não tão inesperadamente assim, uma vez que ele, de forma inconsciente, lá no jardim botânico, já esperava pelo pior. A falsidade do estilo de vida que escolhera, afinal, era muito clara. No fundo, era impossível tapar o sol com a peneira, ainda que muita gente tentasse ajudar a fazê-lo.

Alguém o forçava a tomar posição com relação à criação literária. Por muito tempo defendia a abstenção em tomar posição na brincadeira infantil entre discutir a existência e a dor de uma confissão. Julgava que esse tipo de coisa se podia fazer no máximo uma vez na vida. Como parafusar algo para permanecer fixo para sempre. Agora vem alguém e diz: «Você é um embrulhão, caro senhor. Como é possível escrever algo que eu não entendo? É como um submarino que vai de um lado para outro debaixo do mar procurando algo. Pena que tenha se esquecido de levar a bordo o leitor. Esse tipo de coisa, de tratamento, me é ofensivo. Você tem de entender que exijo estar a bordo de todo submarino que se afaste das águas de Estocolmo, de todo trem que parta da estação central e de todo bonde que deixe Slussen. Todos os submarinos, trens e bondes em que eu não esteja não valem nada. Deveriam ser impedidos de trafegar se não transportam gente de valor, ou seja, todos aqueles que, como eu, não têm permissão para entrar. Somente quando isso acontecer, poderei com a consciência tranquila embarcar em todos os transportes que tiverem a gentileza de me esperar. Deveriam, além disso, saber do perigo que é ser um submarino em tempos de guerra. Como se pode compreender olhando em torno de si, vivemos no mundo da razão, do cérebro e da navegação de superfície, e eu sou o profeta desse mundo. Como seu habitante, colaborador e filho é preciso satisfazer três requisitos com relação à literatura: sua compreensibilidade, sua submissão real e ativa e sua harmonia. O primeiro, naturalmente, é o mais importante. Ele não se coloca diante de um canhão dizendo: 'Você não pode me destruir'. Não desafia a razão. O segundo significa impossibilidade de sabotagem. Deve, ao contrário, usar a razão com o máximo de clareza. O escritor não está ali para acumular dificuldades a serem decifradas pela razão. Deve antes ajudar a experimentar um plano superior. Por fim, a harmonia significa que o escritor não tem o direito de introduzir ao leitor mundos doentes, onde a razão já não é soberana e se faz a guerra. Sua tarefa é expor os moldes do mundo da razão, dentro dos parâmetros supracitados, e compor um quebra-cabeça que seja ao mesmo tempo sublime e edificante, que proteja o leitor em condições de harmonia, alegria e serenidade. Mas o que acontece é o contrário. E nós temos o monopólio disso».

Se o escritor no momento está em choque, isso não depende tanto das opiniões expressas pelos críticos, que estranhamente o apoiam com elogios, muito menos dos numerosos consensos que os críticos dão a todos os que sofrem da doença da descompressão ou de pressão alta e que, assim, consideram os submarinos contrários à razão. Não. O choque deriva do fato de que alguém considere justo atacar a literatura. Já passou o tempo em que não se esquecia que a literatura deve ser defendida dia a dia, momento a momento. Não há uma defesa definitiva, como há aqueles que atacam e não se cansam jamais disso, os guardiões da ordem mais ou menos estabelecida. Se o escritor se contenta em escrever uma vez por ano em almanaques literários tratando de polêmicas da moda, significa que se aposentou voluntariamente. Se continua a trabalhar com afinco, como se não existisse conflito entre a poesia e a realidade, também está se preparando para a aposentadoria.

O escritor deve sempre partir do pressuposto de que sua posição é incerta e a existência da literatura está ameaçada. Por isso, ele é sempre obrigado a reconhecer seus pontos vulneráveis e, com absoluta destreza, extirpar a fraqueza escondida no mais profundo de seu ser e fuzilá-la sem piedade, mesmo que seja muito difícil prosseguir sem ela. Tudo isso requer coragem ou pelo menos uma boa dose de falta de covardia. O escritor também deve ser capaz de ficar constrangido e admitir que, exceção feita talvez ao carrasco, é ele, entre todos os seres vivos, o único a ter razão de se sentir culpado pelo que faz. Viu muitas pessoas felizes e contentes, mortas na maior das alegrias, sem jamais ter precisado dele. Ao contrário do açougueiro e do pedreiro, ele não pode bater no peito e dizer: «Hoje matei a fome de 50 mil pessoas com as minhas mãos», ou «Ontem, graças a mim, 250 famílias com crianças agora têm um teto sob o qual morar». Pode ocorrer que seus filhos virem para ele e digam: «Eu queria pão, você me deu poesia. Queria água e você me deu aforismos».

A situação do escritor é terrível. Ele não pode afirmar sem enganar a si mesmo que aquilo que lhe disseram está errado. Não pode negar as evidências, mesmo que deseje. Claro que pode buscar refúgio nessa espécie de convento que não requer votos que é o meio literário e construir um muro de resenhas em torno de si, cheio de mexericos e elogios mútuos. Fazendo isso, com o passar do tempo, ficará feliz e satisfeito.

O caminho contrário, deixar a literatura, seria vil. Como renegado, o escritor pode gozar de certa popularidade entre os traidores; se isso o consola, bom para ele. Mas, se é uma pessoa honesta, se considera a literatura algo vital para alguém e que deve trabalhar como se fosse uma necessidade vital para todos, sem se enquadrar entre os renegados, que têm a traição como único princípio na vida, ou o(s) meio(s) por que o querem enquadrar na jaula da idolatria apenas pelo prazer de lhe dar comida por entre as grades, não lhe resta senão individualizar a própria posição no mundo. Pode parecer audacioso se imaginar à deriva, com os cabelos ao vento e sem direção, tendo de reconhecer no fim que não se trata de uma posição digna de respeito se não for motivada pela necessidade. É absolutamente ridículo querer dar uma de Robinson Crusoé em uma praia lotada.

Porém, quando se descobre, graças às estrelas, à Lua, ao Sol e à bussola, estar num bosque de paradoxos, não se deve desesperar. É preciso buscar sentir o que acontece fora, um lugar onde acampar. Compreender que não há nenhum outro bosque para ser escolhido e que os conflitos inerentes à literatura são, por pior que sejam, solucionáveis apenas temporariamente. Isso não deve impedi-lo de tomar posição diante dos paradoxos, e talvez seja justamente isso que requer a defesa da literatura. Como é possível, por exemplo, comportar-se como se nada fosse mais importante do que a literatura e, por outro lado, ver-se rodeado de pessoas que lutam contra a fome e buscam a todo custo um emprego? Esse é outro paradoxo do escritor. Ele quer escrever para os necessitados, mas percebe que apenas os não necessitados se dão conta da sua existência.

Somente quando o escritor se estabelece no bosque dos paradoxos encontra força suficiente para responder às acusações que lhe fazem. Desde o início, contudo, deve saber claramente que esse tipo de crítica tem muito mais fundamento do que os outros, e é ele que se associa à sua falta de tomada de posição na luta social. Tem de entender que não basta fazer referências ao mundo da literatura, porque existem outras portas para a comunicação com o mundo. E não adianta encher o peito e se vangloriar a plenos pulmões de sua liberdade, porque ninguém é livre o suficiente para poder se eximir de tomar posição na luta dos explorados contra os exploradores – uma luta que, apesar dos inúmeros blá-blá-blás, permanecerá algo incontestável enquanto permanecer o sistema social. Falar de liberdade nesse contexto implica ser preguiçoso, vil ou indiferente.

Tudo isso é muito claro. O escritor não está dispensado de tomar posição enquanto não estiver sozinho no mundo, apesar dos infinitos sussurros na orelha dizendo-lhe o contrário. Nesse momento, apresenta-se outro problema aparentemente mais difícil: *como* tomar posição? A solução pode parecer simples. Claro, ele tem de escrever e escreve para escrever. Produz artigos, pesquisas sobre problemas sociais, responde politicamente a entrevistas e compõe poesias para o Primeiro de Maio. Tudo isso é importante. É seu serviço militar em defesa do ser humano. Uma hora, porém, o conflito se manifesta. Se sua escolha é séria, não teria de dedicar sua poesia aos explorados? Sabe, entretanto, que todos aqueles que leram com admiração seus artigos, suas pesquisas, suas entrevistas e seus versos para o Primeiro de Maio consideram sua poesia obscura, incompreensível, muito preocupada com a forma e obtusa no conteúdo. Sua consciência social entra em um conflito sem solução com sua consciência artística. Ao mesmo tempo, ele percebe que os críticos marxistas, convictos de que o escritor escolhe a própria forma como o tipógrafo escolhe a fonte, consideram o autor do povo e das massas em virtude de sua clareza, justamente por não viver nenhum tipo de conflito entre a consciência social e a artística. Da mesma forma, pode-se elogiar a cidade de Vimmerby simplesmente porque lá chove menos que em Gävle.

Por outro lado, ao tomar posição, o escritor adquire o direito de se defender e dizer: «Tenho a consciência limpa. Ninguém pode dizer que não tomei posição, ninguém pode me acusar. Tentei cumprir meu dever social e vou continuar a fazê-lo sem restrições. Sei das considerações estéticas, dos princípios poéticos e, em certa medida, das regras de comportamento ético, puramente acadêmicas numa sociedade como a nossa». Como todo mundo, o escritor vivencia a própria dependência do juízo de um poder externo e tem de aceitar que sua liberdade, como a de todos, é relativa. A principal delas, por exemplo, é a liberdade de ir e vir, já que todo mundo está subordinado a uma permissão alheia. Toda reforma social é frágil e toda utopia mundial está condenada à catástrofe. Entretanto, é preciso se rebelar, atacar o sistema mesmo sabendo que – e esse talvez seja o grande dilema dos socialistas de hoje –, tragicamente, qualquer defesa ou ataque não são nada mais que simbólicos, mas devem ser feitos assim mesmo, pelo menos para que ele não se envergonhe de não o haver feito. Se alegam que minha poesia «não é compreendida pelo povo, pelas massas, pelos operários, não é suficientemente social», tenho o direito de responder que tal acusação é baseada em pressupostos equivocados, segundo os quais para ser social a poesia deve ser compreendida por todos. Por «compreendida» entende-se que pode ser compreendida sem esforço, mais ou menos como se entende um outdoor ou um neon. Para certos supostos representantes do povo, a poesia deve ser um anúncio publicitário do mundo novo, e se o texto é agradável pode falar dos prazeres do verão ou da pesca de camarões e ser, ao mesmo tempo, poesia para o povo. Para eles, a poesia já não é uma mensagem de um ser humano para outro. Reduziram-na a um simples jogo social. Não se entende mais como algo que surge de uma necessidade:

não é um trabalho de marcenaria feito com ritmo e rima, durante os momentos de lazer de revolucionários aposentados que jamais levaram a literatura a sério. Protestam se encontram um verso que não podem decorar em menos de cinco minutos ou que não se entende logo de cara, mas são eles mesmos os reacionários, não só porque negam ao escritor a obrigação de criar segundo sua necessidade, mas porque não colocam em discussão a possibilidade de a poesia ver o ser humano não como mero jogo de sociedade, mas como referência e sinceridade diante das dificuldades da vida.

Outra questão, não menos importante, é que esses porta-vozes da sociedade abusam constantemente dos conceitos de «povo», «massa» e «trabalhadores». O escritor deve reconhecer sem dúvida a realidade econômica existente; por outro lado, porém, deve recusar categoricamente pensar que todos aqueles que ganham menos de determinada soma vivem as mesmas angústias ou têm as mesmas necessidades culturais e emotivas. Ou que cada indivíduo da «massa», por exemplo, tenha a convicção de que o Sol é uma moeda de duas coroas ou a Lua é um prato de cobre; ou ainda, de que a Lua é uma moeda de duas coroas, consolando-se com o fato de que os outros têm sempre razão.

O escritor não pode negar a quem se obstina a não levar a sério a literatura o direito de atacá-lo por seu obscurantismo ou por qualquer coisa pela qual possa ser atacado, mas deve ter consciência de que é contra essas pessoas que a literatura deve ser defendida, e a eles tem o direito de dizer: «Se a literatura é um jogo de sociedade, vou contemplar o crepúsculo com os pés sujos de terra e fazer amizade com as serpentes e os ratinhos de areia. Mas, se a poesia é uma necessidade vital para alguém, não deixarei as sandálias em casa, vou me proteger dos pedregulhos!». Por ora, as serpentes insidiam meu calcanhar; por ora, os ratos não me agradam.

Meu ponto de vista sobre
o anarquismo

1946

O ensaio foi publicado em *40-tal* (número 2 de 1946). A revista havia pedido uma contribuição sobre esse tema para, além de Dagerman, o escritor e jornalista socialista Gunnar Gunnarson (1918-2002) e o poeta Erik Lindegren (1910-68).

A expressão «inimigo da economia planificada» faz referência à campanha conduzida nos anos do pós-guerra por alguns industriais suecos contra a política econômica do governo social-democrático e conhecida com o acrônimo PHN (*Planhushållnings-motstånd*: oposição à economia do plano). Harry Martinson (1904-78), escritor e poeta sueco, prêmio Nobel de literatura em 1974, participou junto com a mulher Moa do congresso dos escritores realizado em Moscou em 1934. Upton Sinclair (1878-1968) foi um prolífico escritor americano de inspiração socialista.

A periculosidade ideológica do anarquismo, apontada pelos seus adversários, depende de quão armados estão e de quantos anarquistas têm porte de arma. Na Espanha, entre 1936 e 1939, o anarquista era considerado tão perigoso pela sociedade que estava sempre em meio a um fogo cruzado: não só era metralhado no peito por alemães e italianos como também recebia pelas costas disparos vindos de seus «aliados» comunistas russos. O anarquista sueco, ao contrário, é visto em certos ambientes de esquerda, sobretudo nos marxistas, como um perdido romântico, uma espécie de idealista, inimigo da economia planificada e com profundas raízes liberais. Mais ou menos conscientemente se esquece do importante fato de que a ideologia anarquista, unida à teoria econômica do sindicalismo, tomou forma na Catalunha durante a guerra civil, com um sistema de produção baseado na igualdade econômica funcionando perfeitamente, mas bastante desnivelado do ponto de vista intelectual, com cooperação prática sem constrição de opiniões e eficácia na coordenação das vontades sem decapitar as liberdades individuais, opostos que infelizmente vão perdendo sua dialética para se tornarem cada vez mais populares em forma de síntese. Desde o início, houve um bombardeio de crítica antianárquica exercida por pessoas que trocam o conforto da cadeira na redação pela poeira das ruas, baseadas em algumas informações vindas da Rússia. Elas julgam deter o monopólio da consciência da classe operária e de sua condição. Restrinjo-me à forma de anarquismo que, sobretudo nos países latinos, é chamada de anarcossindicalismo e que neles se mostrou ser um instrumento particularmente eficaz não somente para conquistar a liberdade, mas também para conseguir o pão.

Quando se escolhe uma ideologia política, primeiro passo na imaginação de objetivos sociais a serem atingidos – semelhantes, ao menos em parte, aos ideais sonhados anteriormente –, e antes de se convencer da impossibilidade de confiar no ser humano, há sempre a constatação do equívoco que são as outras possibilidades. Falácias todos eles, os nazistas, os fascistas, os liberais, os seguidores de qualquer outra corrente de inspiração burguesa, os socialistas autoritários de qualquer tendência, não apenas por toda a destruição, pelos mortos e inválidos nos países participantes da guerra, mas também pelo número de pessoas com neuroses, doenças mentais e distúrbios produzidos por eles nos países indiretamente envolvidos no conflito, como a Suécia. A desigualdade escandalosa na distribuição de alimentos e de vestimenta e a falta de acesso à instrução não devem ser o único critério para julgar a monstruosidade de um sistema social. Sistemas baseados no terror, como o nazismo, revelam logo de cara como a violência física sem limites é inerente a eles. Mas, se pensarmos mais profundamente, veremos que os sistemas mais democráticos também exercem pressão sobre as pessoas e produzem nelas uma angústia tão grande que não existe romance policial ou de horror que lhes possa fazer concorrência. Todos se lembram das manchetes garrafais aterrorizantes dos jornais nazistas – os nervos ficavam à flor da pele! –, mas a guerra psicológica que os donos do mundo fazem atualmente contra todo o planeta, por ocasião da Assembleia Geral da ONU em Londres, não é muito diferente.

Não vamos nem mencionar a infâmia que é ver um grupo de representantes brincar com o destino de bilhões de pessoas e ninguém achar um absurdo; é impiedoso e assustador o modo como se decide o destino do mundo. Essa brutalidade psíquica que parece ser o denominador comum da política conduzida por países tão diferentes entre si como Inglaterra e União Soviética é o suficiente para constatar que ambas as formas de governo são desumanas. Os interesses dos Estados se tornaram, com o passar do tempo, um fim em si mesmos, para todos os regimes autoritários, sejam democráticos ou ditatoriais. O significado original da política, de fazer valer os interesses de determinado grupo, teve de recuar. A reivindicação do elemento humano infelizmente foi banalizada pela propaganda liberal que esconde os interesses egoístas e monopolizadores sob o véu de dogmas humanitários fracos, privados de qualquer fundamento sólido e de ideais. Isso não pode, contudo, comprometer a capacidade humana de engajamento, como querem fazer acreditar os propagadores da fé no Estado.

O processo de abstração que sofreu o conceito de Estado ao longo do tempo é, em minha opinião, uma das coisas mais perigosas entre as coisas perigosas às quais o poeta deve estar atento. O culto da concretude que Harry Martinson assinalou como o elemento fundamental da fé no Estado durante sua viagem à União Soviética, e que é perceptível, sobretudo, nos retratos de Stálin em todas as poses e dimensões, é apenas um exemplo peculiarmente terrível da canonização da abstração do conceito de Estado. É essa abstração, com sua intangibilidade e negação de qualquer influência que paralise a vontade, que impede as iniciativas e transforma a energia em uma neurose devastadora, em uma brutalidade psicológica que por algum tempo pode indubitavelmente garantir aos governantes certo nível de harmonia, comodidade e aparente supremacia política, mas no longo prazo acabará por se revelar um bumerangue social. O ressarcimento pela liberdade de escolha que em uma sociedade guiada pelo Estado se oferece ao indivíduo a cada eleição é em si mesmo insuficiente, e, naturalmente, quanto mais tolhida é a capacidade de iniciativa mais insuficiente se torna. Os fios invisíveis que tecem uma sociedade grande e complexa, além das nuvens, do Estado, da alta finança, dos governantes e de quem os manobra, da política e do dinheiro, geram um fatalismo na parte desprivilegiada da humanidade que nem o Ministério da Habitação nem os romances prolíficos de Sinclair conseguem combater. Pode-se afirmar que o Estado democrático da nossa época apresenta um tipo totalmente novo de desumanização e que sua natureza não é melhor que a dos regimes autocráticos do passado. O lema *divide et impera* não foi abandonado, e a angústia produzida pela fome, pela sede e pela inquisição social foi, pelo menos como princípio, substituída, enquanto a incerteza e a impossibilidade de o indivíduo decidir o próprio destino em questões essenciais foram transformadas em instrumento de domínio pelo Estado de bem-estar social. Encarcerado pelo Estado, o indivíduo tem a constante e dolorosa sensação de uma impotente incerteza, como uma jangada à deriva ou o vagão de um trem a toda a velocidade, incapaz de manter o controle mesmo chegando próximo à estação.

Alguém tentou definir a análise obsessiva da angústia que caracteriza meu livro *A serpente* como um tipo de «romantismo da angústia». A própria essência do romantismo, entretanto, implica a incompreensão analítica, a eliminação resoluta de tudo o que não se enquadre no esquema. Já o romantismo da angústia quer se inserir na totalidade das coisas em seu sistema de angústia e experimenta uma alegria secreta ao ver que no final tudo corresponde. O analista da angústia quer combatê-la por meio de um decifrador, tentando expor claramente os segredos, na base da faca. Do ponto de vista político, o romântico aceita tudo o que pode virar brasa na sua fogueira e não tem nada a objetar contra um sistema que se fundamenta na angústia, ou melhor, com fatalismo entusiasmado, aceita-o como «justo». Para mim, porém, como analista da angústia, trata-se de proceder por exclusão e prevenir uma solução que permita ao mecanismo social funcionar sem as forças motoras da angústia e do medo. Isso pressupõe, naturalmente, uma nova dimensão política, livre de todas as convenções que estamos habituados a considerar indispensáveis. A psicologia social deve demolir o mito da «eficiência» dos sistemas centralizados: a neurose provocada pela falta de uma visão de conjunto e pela impossibilidade de individuar a própria colocação na sociedade não pode ser compensada com vantagens materiais aparentes. A subdivisão de uma coletividade gigantesca em pequenas unidades individualizadas autônomas em mútua colaboração, propagada pelo anarcossindicalismo, representa a única possibilidade psicológica em um mundo neurótico, em que os indivíduos cambaleiam sob a pressão da estrutura política. A obsessão com que se atribui à fragmentação das entidades estatais o papel de principal responsável pela obstrução nas cooperações internacionais não tem obviamente nenhum fundamento; ninguém pode afirmar com seriedade que a política externa dos Estados tem contribuído para aproximar as nações.

Uma obsessão mais séria é a de que a população mundial não teria capacidade suficiente de se organizar em uma sociedade anárquica. Isso é verdade até certo ponto: a educação para a paralisia e o impedimento de toda iniciativa trouxeram consequências devastadoras para o pensamento político não convencional. (Por essa razão, preferi expor aqui minha visão sobre o anarquismo, principalmente pela sua crítica.) Duvido, porém, que a submissão à autoridade e a centralização sejam inerentes ao ser humano. Defendo um novo modo de pensar, que pela falta de termo melhor resolvi chamar de intelectual, capaz de radiografar com análise apurada as convenções importantes que não foram levadas em consideração devido ao primitivismo sexual reinante e que esteja em condições de, com o tempo, convencer todos aqueles que por causa das neuroses e das guerras mundiais querem enquadrar todas as previsões de Marx, Adam Smith e do papa. Isso talvez pressuponha uma dimensão literária completamente nova, com princípios que, sem dúvida, vale a pena ver.

Como anarquista (e pessimista, visto que tenho consciência de que sua contribuição pode ter apenas um valor simbólico), o escritor pode, entretanto, atribuir-se em boa consciência o modesto papel de minhoca na terra da cultura. Caso contrário, secará na aridez das convenções. Ser o político do impossível em um mundo onde são muitos os políticos do possível é, apesar de tudo, um papel que me satisfaz como ser social, indivíduo e autor de *A serpente*.

Pessimismo: coragem ou moda?

1946

A intervenção foi publicada no semanário do movimento cooperativo *Vi* (Nós), número 16 de 1946. O jornal havia pedido a vários escritores suecos que respondessem a uma pergunta levantada pelo escritor, crítico e comentarista Stig Ahlgren (1910-96). A pergunta era formulada da seguinte maneira: «O pessimismo dos jovens escritores pode realmente animar e apoiar as massas irresolutas? Não se corre o risco de que um pessimismo vulgar, com aquilo que se esconde do maligno e secreto contentamento nazista, seja confundido aos olhos do público como o último evangelho literário? E não se corre um risco ainda maior de que os próprios sejam contagiados?»

Ingeborg Björklund (1897-1974) foi uma escritora e poeta sueca, autora de romances de cunho social e de líricas amorosas. Émile Coué (1857-1926), psicólogo francês e elaborador do método de psicoterapia baseado na automotivação e na autoconfiança. Em relação a «oposição à economia planificada», ver nota introdutória a *Meu ponto de vista sobre o anarquismo*. O jornalista Arvid Fredborg (1915-96) fundou em 1944 o semanário conservador *Obs!*.

A ntes de tudo, como num passe de mágica, eu gostaria de me libertar da camisa de força literária que o dr. Ahlgren produziu, com sua notável habilidade, a respeito do parnaso pessimista. O pessimismo como concepção de vida, o pessimismo que tende complacentemente às teorias incertas sobre a maldade humana, não tem nada a ver comigo. Mas é inconcebível conciliar a fé otimista na boa vontade do ser humano com o pessimismo, já que, há muito tempo, nos foi negada a possibilidade de manifestá-lo? Com metáfora genial e otimista, Ingeborg Björklund descreveu o otimista como alguém extraordinário que, ao entrar em uma sala bagunçada, começa logo a arrumá-la. Sim, obrigado Ingeborg, mas onde está essa sala? Como se faz para entrar nessa casa? Como se enfrentam a barreira policial, os magnatas do petróleo, os banqueiros e os políticos vendidos? Podemos ainda acreditar na chave universal da vida cor-de-rosa de Ingeborg ou no abridor de cofres eficiente do dr. Ahlgren? O pessimismo criativo com forte tom «crítico» – não o método Coué, que fique bem claro, que se lamenta com um eterno «tudo vai de mal a pior» – já não poderia ter utilidade? A sagacidade excessiva do tom, por exemplo, poderia suscitar nas pessoas a consciência não de sua solidão no cosmo, mas de sua dura dependência do sistema político e do controle de sua vontade.

O pessimismo como método crítico, sim, embora agora se tema que a reação o utilize a seu favor. Naturalmente, não se deve subestimar nem a inteligência dos reacionários nem seu descaramento, sua teimosia e sua capacidade de fingimento. Com senso seguro de equilíbrio, são capazes de se sobrepor a qualquer movimento literário e às reações que ele possa suscitar. Seu modo de reagir tanto ao pessimismo quanto ao otimismo literário tem um quê de hermafrodita. Como se explica, por exemplo, que a primeira revista otimista do país seja publicada justamente pelos «opositores da economia planificada»? Será que as pessoas que apoiam Arvid Fredborg se tornaram um bando de velhos masoquistas que ronronam como o gato Félix, afiando a faca para atacar pelas costas – ou o dr. Ahlgren não percebeu o elemento psicológico fundamental da propaganda reacionária? Sim, um otimismo frio de uso interno (claro, semanários do sistema financeiro!) e um pessimismo frio de uso externo parecem constituir a receita reacionária do momento. Mas isso é motivo para abandonar uma posição crítica útil? Não seria o caso de ter a clareza, a inteligência, a constância e a determinação de manter distância de manifestações simpáticas suspeitas? Somente quando os diretores dos semanários se tornarem leitores assíduos de Karl Vennberg, um pessimista crítico terá razão em sentir cheiro de queimado, porque estará num país esplêndido, em que tanto otimistas como pessimistas estarão incluídos na lista telefônica.

O significado dos clássicos

1946

A breve intervenção é a resposta à pergunta formulada pelo jornal *Dagens Nyheter* a um grupo de jovens escritores: «O que representou para vocês a literatura clássica?». Além de Dagerman, responderam Harry Ahlberg, Mårten Edlund e Gustaf Rune Eriks. A resposta de Dagerman foi publicada no jornal em 6 de setembro de 1946.

Forever Amber [literalmente, Sempre Amber; traduzido em português com o título *Entre o amor e o pecado*] é um romance da escritora americana Kathleen Winsor, publicado em 1944 e que se passa na Inglaterra do século XVII. O romance teve um grande sucesso, e, em 1947, o diretor Otto Preminger fez um filme baseado nele.

Uma série de circunstâncias infelizes fez com que meu conhecimento dos clássicos da literatura fosse tão restrito que não creio ter condições de tratar do tema de modo correto nem mesmo numa conversa de botequim. Naturalmente acabei lendo alguns deles: diverti-me imensamente com o humor amargo e a profunda consciência de seu tempo de *Oblomov*, de Goncharov; *Oliver Twist*, de Charles Dickens, e *Os miseráveis*, de Victor Hugo, me despertaram a compaixão já na juventude; a poesia latina e o teatro grego me ensinaram muitas coisas, mas seguramente teriam me dado muito mais se meu interesse pela literatura clássica não tivesse sido tão maltratado e escorraçado durante a escola.

Para minha atividade literária, a leitura dos clássicos não teve grande significado, pelo menos comparável ao que teve, por exemplo, a leitura de Kafka ou Faulkner. As circunstâncias que até hoje determinaram o leque de minha experiência literária, além da experiência trágica com os clássicos na escola, são no fundo um tanto ridículas, mas em certa medida compreensíveis diante de certo esnobismo também ridículo que anda por aí; menos compreensível, porém, é o fato de a literatura clássica ser transformada em algo enlatado e uma espécie de selo de nobreza como aparece nas novas e bonitas edições.

Claro, é importante e necessário ler os bons clássicos, mesmo que do meu ponto de vista seja tão importante quanto ler os melhores autores contemporâneos, sem querer negar que existe outro esnobismo que se fundamenta na preguiça e nas ideias exageradamente absurdas sobre a aparente atualidade da literatura contemporânea. Muito mais importante do que escolher forçadamente um ou outro clássico por prestígio ou conveniência seria, pelo menos para o escritor, seguir a vertiginosa profundidade de sentimento que se vive na grande literatura de todos os tempos, inclusive na mais recente.

Além disso, é uma exigência do ponto de vista moral trocar os livros modernos insignificantes – dos quais se falou na pesquisa de quarta-feira – por edições econômicas dos clássicos. *Sempre os clássicos*, em vez de *Sempre Amber*!

A tarefa da literatura é mostrar o significado da liberdade

1947

O artigo foi publicado no número 24 de 1947 do semanário *Folket i Bild*, em resposta ao artigo «Arbetarna och proletärdiken» (Os trabalhadores e a literatura proletária) do escritor-operário Folke Fidell (1904-85), publicado no número 20 do semanário.

Antes de tudo, devo dizer que o artigo de Fridell é uma das mais importantes contribuições feitas nos últimos tempos na Suécia a respeito da interminável discussão sobre a tarefa do escritor, importante tanto porque expõe as causas principais da neurose do indivíduo na «sociedade da paz e da democracia» quanto por atacar, com a mesma lucidez, o otimismo arrogante com que os teóricos do idílio latem alto contra qualquer tentativa de crítica ao tipo de felicidade oferecida pelo mundo moderno.

Surpreendeu-me, inclusive, como os próprios jornalistas culturais da imprensa operária não têm a mínima noção da situação psicológica da classe trabalhadora. Eles têm enorme dificuldade em entender que palavras bonitas como «democracia», «humanidade», «liberdade» e «segurança» são completamente vazias para quem trabalha na cadeia de montagem, exatamente como os 52 domingos do ano. Claro que mesmo entre os trabalhadores existe uma elite cultural que sempre apresenta coisas boas e agradáveis às redações, mas a grande maioria permanece numa assustadora miséria cultural; ou, para ser mais preciso, numa total ausência de necessidade cultural, indigna de seres humanos que vivem em uma democracia.

A emancipação da classe trabalhadora está bem longe de ser realizada, e em muitos aspectos extremamente importantes ainda nem começou. A liberdade da necessidade não é a mesma coisa que a liberdade do medo. O medo da pobreza, que não foi de modo algum eliminada, talvez tenha começado a diminuir, mas o medo da insensatez da própria existência aumenta junto com a distância entre o funcionamento perfeito da engrenagem e a liberdade individual.

A literatura proletária erra em seus propósitos ao se esquecer de relacionar a felicidade material do proletariado com a gratificação psicológica que traz o tempo livre regado a álcool, revistas em quadrinhos, jogos de azar e promiscuidade sexual. Uma brilhante demonstração da opinião de Fridell sobre a inadequação da literatura proletária é a conhecida afirmação de Ivar Lo-Johanson de que, depois da libertação dos camponeses, seu trabalho como escritor deles estava concluído. Com todo o respeito ao grande escritor proletário, talvez fosse o caso de perguntar se não seria justamente a partir daí que começaria verdadeiramente seu trabalho, ajudando camponeses livres a compreender o significado de sua libertação e até onde se estende sua liberdade. Sem essa compreensão, qualquer libertação é uma quimera que custa muito caro à democracia na sua luta contra o nazismo, entre outras coisas.

A grande tarefa da nova literatura proletária será, portanto, a de mostrar aos seres humanos que eles ainda estão na metade do caminho rumo à libertação, e o significado da liberdade e a responsabilidade que ela traz. Fridell soube adequar essa tarefa a um nível literário exemplar, e talvez não seja presunçoso afirmar que o chamado pessimismo dos anos 1940, a seu modo, trabalha na mesma direção, procurando permitir ao ser humano não libertado intelectualmente, complexado e neurótico tomar consciência da própria situação na medida em que lhe fornece as ferramentas necessárias para atingir seus objetivos e se libertar. O fato de que isso foi interpretado como pessimismo pelos pequenos empresários da felicidade não deve impedir a literatura de produzir no futuro um indivíduo-proletário-democrático cada vez mais propenso à compreensão mais profunda do verdadeiro significado e do verdadeiro valor da liberdade.

O caso Petkov

1947

O caso Petkov é o texto do discurso pronunciado por Stig Dagerman durante uma manifestação organizada em Estocolmo em 9 de outubro de 1947 para protestar contra a execução do político búlgaro Niloa Petkov (1893-1947). O texto foi publicado em 11 de outubro do mesmo ano no jornal anárquico *Arbetaren*. Opositor do nazismo e do fascismo nos anos entre as duas guerras e durante a Segunda Guerra Mundial, Petkov se tornou líder do partido camponês União Nacional Agrária Búlgara em 1941. Sob a sua liderança o partido fez parte da Frente Patriótica junto com o Partido Comunista e participou do primeiro governo de coalizão depois do fim da guerra. A visão de Petkov da democracia parlamentar o colocou rapidamente em conflito com os comunistas, um conflito que levou à sua prisão com a acusação de espionagem. Petkov foi executado em 23 de setembro de 1947.

O «famoso escritor inglês» ao qual se faz referência é – como diz o próprio Dagerman algumas linhas abaixo – Gilbert Keith Chesterton (1874-1936), que em *Ortodoxia* (1908) escreveu: «O homem que mata um homem, mata um homem. O homem que se mata, mata todos os homens; no que lhe diz respeito, ele elimina o mundo». Georgi Dimitrov (1882-1949) foi presidente da Internacional Comunista de 1934 a 1943 e primeiro-ministro búlgaro de 1946 até a sua morte.

Tem muita gente convencida de que não vale a pena fazer tanto barulho por um ser humano. O que significa um único homem quando existem tantos outros? Mas sabemos que isso é um erro. Mesmo que tenhamos vivido recentemente um período em que não se matavam simples seres humanos, mas toda uma raça, correntes de pensamentos e nações, temos de reconhecer que é cruel e cínico afirmar que o destino de um único homem nos é indiferente ou que sua morte é irrelevante para os sobreviventes. Precisamos ter a coragem de definir como cruel e cínico quem propaga indiferença com o destino de um ser humano. Um famoso escritor inglês condena o suicídio, dizendo que tirar a própria vida é como tirar a de todo o gênero humano. Do mesmo modo, deve-se afirmar que quem tira a vida de um opositor não tira apenas a vida de um indivíduo, mas de todos os opositores, ou seja, do próprio princípio de oposição, de livre-arbítrio, de liberdade de pensamento e de imprensa. Ao matar Nikola Petkov, Dimitrov e seus colegas mataram não apenas o homem, mas também a liberdade de pensar, crer e agir por si mesmo, a liberdade que mostra para muitos de nós que ainda somos «não realistas» e «não políticos» o suficiente para considerá-la um elemento de valor inestimável para nossa concepção de vida. Isso quer dizer que todos aqueles que consideram a liberdade um valor irrenunciável têm o dever de protestar contra o assassinato de Nikola Petkov, pelo simples motivo de que não se trata apenas de um ato de violência isolado em um país longínquo que não nos diz respeito, mas de um atentado contra nós e nossa visão de liberdade pessoal como algo indispensável. Se não protestamos com nossas ações, nosso pensamento e nosso sentimento, as palavras de Chesterton sobre o suicídio aplicam-se também a nós, justamente porque nos calamos. Nesse caso, é correto dizer que quem se cala diante da injustiça ou da violação de um valor irrenunciável é cúmplice do crime, por assassinar a justiça com seu silêncio e sua negação do direito de discordar. Se não nos calamos e se alçamos a voz para protestar contra o assassinato de Nikola Petkov, não é apenas para prestar homenagem a uma pessoa, entre tantas outras, morta pela liberdade, mas também para nos defendermos, já que somos nós que estamos sendo atacados, e os tiros que acertaram Nikola Petkov fizeram cair sob nossos pés um dos fundamentos da nossa existência como homens livres. Quando o poder nazista dominava, difundiu-se entre nós o péssimo hábito de declarar que os atos de barbárie, as injustiças e o derramamento de sangue que aconteciam além de nossas fronteiras, nos países estrangeiros, eram problemas alheios. Quando os rebeldes noruegueses eram fuzilados ou torturados nos campos de Grini, não podíamos protestar, porque o assassinato de noruegueses, dinamarqueses ou poloneses a serviço dos alemães deveria ser considerado uma questão interna da Noruega, da Dinamarca e da Polônia. Do mesmo modo, devemos recordar que, nos anos 1930, aconselhavam-nos a permanecer em silêncio enquanto os opositores alemães do nazismo eram torturados até a morte nos campos de concentração e os judeus eram obrigados a varrer as ruas das cidades alemãs. Eram questões internas da Alemanha em que não deveríamos meter o bedelho. Apenas as questões internas da Suécia deveriam chamar nossa atenção. Infelizmente, muitos seguiram à risca esse péssimo conselho e deixaram os opositores alemães do nazismo morrerem. No fim das contas, como sabemos, os péssimos conselhos foram desmascarados, assim como aqueles que por maldade ou dinheiro incitavam as pessoas a se calarem sobre as monstruosidades do nazismo. Agora que ele foi derrotado, deve-se reconhecer, com embaraço e uma boa dose de surpresa, que existem pessoas que aconselham os outros a se calar quando ocorrem coisas no mundo que vão contra nosso senso de justiça. Podemos também constatar que os que aconselham esse tipo de coisa não são os mesmos do passado; muitos dos que desprezavam e combatiam quem se calava durante o período nazista agora aconselham silêncio a respeito de tudo o que acontece na parte do mundo controlada pela União Soviética, por exemplo. Todas as coisas graves que ocorrem por lá são questões internas deles, que não nos dizem respeito. E, como as pessoas que recomendam o silêncio são bastante numerosas e influentes, não podemos repetir com constância ou força suficiente que os delitos contra a dignidade humana e a liberdade, incluindo a de expressão, não são uma questão interna, mas – e isso é um pressuposto da nossa existência como seres livres – são e devem ser uma questão de caráter absolutamente internacional. Assim como um jardineiro austríaco colocado na fronteira com a Finlândia diante de um pelotão de execução alemão em um dia de inverno se transforma em símbolo oficial da vilania sueca e, em maior escala, da vilania em geral, Petkov vai se transformar para nós em um símbolo da execução da liberdade de opinião que está ocorrendo em grande parte da Europa a leste do Elba, do Danúbio e do Adriático. Com relação ao protesto contra o assassinato de Nikola Petkov, há algo que deve ser sublinhado. É muito mais difícil tomar uma posição hoje do que era na época do nazismo. A violação dos direitos humanos pelos nazistas era relativamente fácil de constatar, já que, pelo menos no final, se mostrava tão gritante que ficava impossível qualquer justificativa da parte de seus defensores como sendo uma questão interna da Alemanha, deflagrando-se como puro cinismo. É mais difícil assumir e reconhecer o terror implantado nos países comunistas contra a liberdade de expressão, até porque os defensores desse terror são capazes de jogar com o sentimento das pessoas, como os nazistas faziam e agora não conseguem mais, ou, pelo menos, não na mesma proporção. Não se justifica agora a execução de Petkov como uma questão interna da Bulgária, de modo algum; justificam-na como uma questão socialista, ocorrida em um país oficialmente socialista. E, como são muito numerosos, loquazes e influentes os que se deixam enganar por essa «justificativa», é preciso afirmar com firmeza e decisão que o assassinato de opositores e o terror imposto a eles não poderão jamais ser uma questão socialista, porque todo tipo de opressão, além da violação da liberdade de opinião, é algo propriamente inconciliável com a essência do socialismo e contrário a ela. Por isso é realmente um insulto para qualquer socialista democrata autêntico apresentar o terror e o assassinato promovidos pelo próprio Estado como princípios socialistas. Uma das armas mais eficazes do nazismo era o medo; uma atmosfera perversa de terror, tortura, fuzilamento e decapitação transformou muitas pessoas fracas em gente obediente e vil, porque o medo as destruiu e roubou sua dignidade. Se um regime que se define socialista utiliza a velha arma da tirania (o medo), ele se priva do direito de ser chamado de socialista por violar um de seus princípios fundamentais: o respeito à dignidade humana. O nome verdadeiro de tal regime é despotismo. Muitos afirmam que não se deve protestar contra o despotismo porque demonstraria falta de realismo político. O caso Petkov é uma resposta a esses grandes políticos, na medida em que ensina que melhor do que ser um bom político é ser um homem livre, um bom socialista e um defensor dos princípios sagrados pelos quais o socialismo lutou desde seu início: liberdade, igualdade e fraternidade.

Assinatura

1948

O artigo apareceu no número 23 de 1948 da revista *Veckojournalen*.

Depois da libertação da ocupação nazifascista, a Grécia foi dilacerada, até 1949, pela guerra civil travada entre as forças de inspiração comunista – apoiadas principalmente pela Iugoslávia – e o exército governativo apoiado por ingleses e americanos.

Não, não estamos falando de letras de câmbio. Trata-se de outro documento, com um texto e o nome de uns vintes fiadores e sua assinatura. Assina-se esse tipo de documento com a mesma hesitação, o que é totalmente compreensível, de quando alguém se oferece para ser fiador de um amigo não de todo confiável; e antes que o caso seja encerrado sentimos um misto de satisfação e inquietação – satisfação por poder ajudar uma pessoa querida com uma simples assinatura e inquietação pela possibilidade de que a história não acabe bem. Claro que é sempre bom ajudar um amigo, mas é ainda melhor se a ajuda pode se limitar a uma ação pequena, a uma simples canetada no papel sem consequências graves. Pode parecer cruel, mas às vezes se tem a sensação de que o mesmo tremor é constatado na mão de quem assina uma declaração, um abaixo-assinado ou uma moção; aquele tipo de letras cambiais que certo número de pessoas dotadas de capital cultural aproveita, em caso de falência do devedor, para lhe colocar goela abaixo.

A produção desse tipo de letras cambiais atingiu, ano passado, patamares jamais vistos. Calculando por cima, veem-se os escritores suecos, em diversas ocasiões, emprestarem voluntariamente seus ótimos serviços a pelo menos cinco países: Bulgária, Palestina, União Soviética, Espanha e Tchecoslováquia, mas já se pensa em um sexto país, a Grécia. Uma conta superficial dá, em média, um abaixo-assinado recheado de assinaturas a cada dois meses; já que a competição entre as grandes potências da política internacional ocorre também entre os escritores, podemos esperar que cada país da Europa, seja orientado para o Oriente ou para o Ocidente, possuirá dentro de um ano um enorme patrimônio de prestigiosas assinaturas suecas.

Sei que muitos estão preocupados com esse ritmo vertiginoso e veem se aproximar a ameaça de uma inflação de abaixo-assinados. Não seria mais fácil, então, organizar tudo em ordem alfabética? Ou por que não preparar um modelo a ser preenchido quando o número de executados, encarcerados ou perseguidos aumenta a tal ponto em certos países que se torna impossível para uma pessoa neutra continuar em silêncio?

Pode parecer cinismo, mas não é, porque assim pensam as pessoas conscientes, aquelas que acreditam que manter uma promessa é mais importante que realizá-la. Pessoas que temem se encontrar entre verdadeiros especuladores de amizade, que buscam a todo custo desculpas e álibis. Pessoas que se entristecem ao ver como pequenas ações para assegurar o sucesso de uma petição têm um objetivo muito diferente daquele que deveriam ter. Sentem-se impotentes ao perceberem que a coerência moral lhe pode pedir dois abaixo-assinados, um de manhã e um à noite. Perguntam-se sobre a utilidade de tais ações, e suas reflexões as levam a pensar que tudo não é senão uma válvula de segurança da consciência pesada de quem participa. Não é hipocrisia inescrupulosa explorar um pobre devedor para dar ao próprio coração um pouco de paz? No fundo, talvez, tem-se a sensação de estar fazendo um papel ridículo. Um moinho de vento, e todos os moinhos holandeses são pura paródia de Dom Quixote!

Milhares de objeções, mas assinaremos as letras cambiais gregas. Por quê? No que tange a mim, porque, apesar de tudo, penso que deve servir para alguma coisa. Um abaixo-assinado não substitui um canhão, mas a experiência alheia me ensinou que ser perseguido significa estar sozinho, e tudo aquilo que diminua essa solidão é importante, mesmo que se trate de uma coisa tão impessoal como uma declaração de amizade escrita no papel. Podem chamar de heroísmo de escrivaninha, é um clichê aceito com serenidade. É uma blasfêmia acreditar que a escrivaninha, como local de trabalho e campo de batalha, seja digna do mesmo respeito que se deve à fábrica, à mesa de oficina ou mesmo aos assentos vazios da ww.

O movimento dos cidadãos do mundo

1949

A intervenção de Dagerman foi publicada na revista cultural *Prisma* (número 2 de 1949), dirigida pelo poeta Erik Lindegren, como resposta a uma pesquisa que tinha como tema «O mundialismo em toda brevidade». Por «mundialismo» se entendia o «movimento dos cidadãos do mundo», um amplo movimento pacifista internacional cujo expoente mais célebre era Garry Davis (1921-2013), um ex-piloto de bombardeiros e promotor de um governo e de um passaporte mundial.

A política foi definida como a arte do possível. Parece ser uma definição adequada. O possível é, na verdade, o mínimo pensável. Crer nele significa ter feito uma censura preventiva sobre a possibilidade do risco, da esperança e do sonho. No mundo do possível, o ser humano é apenas um prisioneiro do medo e da indiferença. Diante do possível, ele é tão impotente quanto diante da morte. O mérito eterno de Garry Davis consiste em ter se lembrado de que existe também uma arte do impossível, uma arte que, justamente neste momento, é mais importante do que qualquer outra. Sobretudo como remédio contra o medo e a passividade, doenças que há muito tempo atuam no mundo do possível.

Sei que existe muito ceticismo com relação a Garry Davis, mesmo entre seus simpatizantes. Afinal, onde estão os resultados práticos?

Mas o que se entende por «práticos»? Pessoalmente, como socialista libertário, penso que tudo o que Davis conseguiu fazer até agora teve bons resultados. Ele fez com que muitas pessoas duvidassem da arte do possível e acreditassem, ou pelo menos tivessem a esperança de acreditar, que não apenas os políticos mas também o ser humano comum têm o direito de veto em questões de vida e morte, que até hoje foram consideradas exclusivas dos Estados, dos grupos de poder e dos governos. Do meu ponto de vista, a introdução do poder de veto é, sem sombra de dúvida, um resultado prático do trabalho de Davis. Ele também inspirou muitos jovens escritores europeus a expor, no mundo do possível, suas posições pessoais, como um direito do ser humano, e com uma consciência jamais vista. Poder parecer algo com poucas consequências, mas é justamente o contrário, pelo simples motivo de que a ideia sempre precede a ação.

Se por resultados práticos entendem-se mudanças paliativas na situação política, então é justificável o ceticismo com relação ao movimento pacifista de Davis. A cortina de ferro não se move e o movimento operário internacional, fator decisivo na defesa da paz no passado, continua dividido entre servir à política e abandonar sua antiga palavra de ordem, de greve geral contra a guerra. Nada disso, do meu ponto de vista, deve impedir a luta dos apoiadores de Davis, que devem estar conscientes de que se trata apenas do início do combate. Se o movimento vai além, não podemos saber nem devemos nos preocupar com isso. Tampouco deveríamos pensar que, por essa razão, ele não faz sentido, pois sempre faz sentido escolher o impossível em vez do possível. Insensatez é aceitar o possível.

Às vésperas da metade do século

1949

Neste caso também se trata da resposta a uma pesquisa, promovida pelo jornal *Stockholms-Tidningen*. O jornal havia perguntado a intelectuais ativos em diferentes âmbitos do conhecimento qual era, do ponto de vista deles, em seu âmbito, o evento ou fenômeno de maior importância na primeira metade do século e o que se devia esperar para a segunda metade. A resposta de Dagerman foi publicada no número 23, de dezembro de 1949.

A coisa mais importante para a literatura do século xx foi a psicanálise, com sua profunda abertura de perspectiva sobre o ser humano, e *Ulisses*, de Joyce, com sua inexaurível exposição das inexauríveis possibilidades da criação literária.

O que espero? Uma literatura independente que combata pelos direitos inalienáveis dos seres humanos aprisionados nas organizações políticas e de massa: liberdade, fuga e traição. Liberdade de não escolha entre aniquilação e extermínio, fuga do futuro campo de batalha em que se está preparando um desastre, traição de todo sistema que criminalize a consciência, o medo e o amor ao próximo.

Uma promessa solene

1950

A «promessa solene» de Dagerman foi publicada no jornal *Arbetaren* em 7 de fevereiro de 1950, quando reassumiu o cargo de redator-chefe de cultura do jornal anárquico.

O novo redator-chefe de cultura não deve fazer grandes promessas. Surpresas valem muito mais do que as desilusões. A única coisa que se pode prometer é continuar a combater do modo mais descontraído possível todo tipo de Igreja – vale dizer, naturalmente, Igrejas literárias. O dever de heresia tornou-se algo mais que urgente neste momento em que estão se formando frentes de combate, e o anátema da nova Inquisição passa a afetar todos aqueles que estão em terra de ninguém. Ser revolucionário é a única possibilidade para quem está cansado da brincadeira monótona entre Oriente e Ocidente de ativar a bomba atômica; a terra de ninguém sempre foi o país do revolucionário. O jogo do revolucionário é outro; consiste em difundir, o quanto pode, as tribulações da vida aos soldadinhos de chumbo nas fileiras da morte e, do ponto de vista externo às ideias políticas fixas e à luta desumana pelo poder, defender o ser humano dos seres humanos. Esse é o ponto de vista da inviolabilidade do indivíduo; para uma política cultural que não seja contra a cultura, não existe nada melhor no momento. Podemos prometer um pouco de diversão revolucionária para nossos leitores em uma ou outra página. As relações, porém, entre a página cultural e as potências estrangeiras continuarão a ser péssimas.

Contribuição ao debate entre Oriente e Ocidente

1950

O escritor Axel Strindberg (1910-2000) publicou na revista *Folket i Bild* (número 10 de 1950) um artigo intitulado «Tvångstankar» (Ideias fixas). O artigo, que tratava o tema de uma escolha de posicionamento entre Ocidente e Oriente, suscitou um debate do qual participaram muitos intelectuais suecos. A intervenção de Stig Dagerman foi publicada no número 14 do mesmo ano.

Herbert Tingsten (1896-1973) foi professor de ciência política nos anos 1935-46 e redator-chefe do jornal *Dagens Nyheter* de 1946 a 1959. De convicções liberais, defendia a necessidade da adesão da Suécia à OTAN.

Enquanto navega para o inferno, com um torpedo se aproximando, já a uma milha náutica do casco do navio, o marinheiro corre de um lado para outro, até que sobe na ponte com uma lista. Bombordo ou estibordo? De qual lado você prefere morrer? Alguns decidem rapidamente e, glorificando em voz alta a própria sabedoria, vão para um lado ou outro. Outros, porém, em nome da objetividade, querem ter o tempo necessário para avaliar e chegar à conclusão de que não existe lado melhor e o certo é morrer avaliando. Olhem lá! À direita, matam os negros, condenando-os a viverem em guetos, e perseguem os comunistas norte-americanos; à esquerda, aglomeram-se trabalhadores russos escravizados e dissidentes torturados. Os reformadores do mundo estão na popa, deitados em cadeiras de praia, e calculam, com grande otimismo, quanto vão lucrar dos dois lados, enquanto o navio segue firme para o inferno.

É uma banalização do problema? Recuso-me a pensar que a proposta não seja nada mais que escolher entre dois pelotões de execução. George Orwell tinha razão ao dizer, em 1947, que a cristalização da oposição entre Oriente e Ocidente produziria ou uma guerra devastadora de dimensões inimagináveis ou um período terrível de paz armada entre dois blocos de poder semelhante; época de ameaça atômica, uma nova era das cavernas, com decadência intelectual e, consequentemente, obscurantismo cultural. Não acredito que nenhuma dessas opções seja atraente; é claro que uma ou outra coisa será imposta.

Esse tipo de escolha acaba sempre sendo associada a alguma simpatia, mentiras táticas, unilateralidade. Permitam-me duvidar de que quem tem em mãos uma bomba de hidrogênio sinta necessidade de apoio intelectual do professor Herbert Tingsten. Seria melhor que os intelectuais europeus, todos felizes defensores de seu lado nesse jogo, sejam de direita ou de esquerda, não se preocupassem em travar uma guerra cultural e se ocupassem com um esporte mais sensato.

Isso, porém, não encheria os bolsos de ninguém. Pergunto-me quais são os valores ameaçados que podem ser salvos do recorde mundial de objetividade que certo número de simpatizantes comunistas desiludidos se esforçam em conquistar, seja em nosso país ou no exterior. Mais políticos do que os políticos, mais objetivos do que a própria história, esses auditores explicam que cada violação da liberdade e dos direitos humanos na União Soviética é seguida, decorrente de um acordo secreto entre Truman e Stálin, pelo mesmo tipo de violação nos Estados Unidos. Sua objetividade chega ao ponto de negar a verdade mais simples de que a maldade é, entre outras coisas, uma questão quantitativa, além do fato evidente de que o socialismo libertário, pelo menos até agora, tem mais probabilidade de sobreviver em uma democracia burguesa do que sob uma ditadura disfarçada de democracia popular. Esse tipo de objetividade é apenas um indício, entre tantos, da desmoralização intelectual que é a aceitação dos dogmas da grande política como a única verdade existente.

Naturalmente, é só questão de tempo para que a integridade do indivíduo seja engolida pela força militar; no entanto, deveríamos tentar demonstrar a importância do direito de ser humano e abandonar o navio antes que seja tarde demais. Não faz sentido buscar refúgio debaixo da terra quando a superfície está cheia de obsessões nem mostrar a língua para toda a iniciativa mundial, inclusive para os auditores.

Quem nega esse direito se coloca como o único grande inimigo.

Bem-vindos a Sheffield

1950

Editorial publicado no jornal *Arbetaren* em 28 de outubro de 1950. O primeiro Congresso Mundial da Paz aconteceu simultaneamente em Paris e em Praga, de 20 a 25 de abril de 1949, por iniciativa do Movimento dos Partigiani pela Paz, movimento internacional com forte participação comunista. O símbolo do congresso, a pomba da paz, foi desenhada por Pablo Picasso. O segundo Congresso mundial da Paz deveria ter acontecido em Sheffield em novembro de 1950, mas as autoridades britânicas negaram o visto de ingresso a muitos delegados e a sede foi transferida para Varsóvia.

Carl Albert Andersson (1899-1968) foi um político social-democrata. A declaração de Estocolmo à qual se faz referência era um documento contra o rearmamento nuclear aprovado por ocasião de um congresso do Movimento dos Partigiani pela Paz realizado em Estocolmo. Per-Olov Zennström (1920-77) foi um intelectual comunista, jornalista cultural e tradutor, entre outros, de Frantz Fanon.

E m meados de novembro vai ser realizado o II Congresso Mundial pela Paz, em Sheffield, cidade inglesa do aço e das fábricas de armas de fogo. A agenda estará recheada, já que muitas armas foram produzidas em Sheffield depois do grande congresso de Paris, na primavera de 1949, e muitas pessoas foram atingidas pelos projéteis produzidos nessa e em outras cidades mesmo depois do acordo de Estocolmo, brindado por Carl Albert Andersson. A Coreia do Norte, por exemplo, declarou guerra à Coreia do Sul. Garry Davis se casou em Hollywood. À Alemanha Ocidental, chegam cada vez mais refugiados da Alemanha Oriental, professores de física atômica desaparecem no nada, levando seus segredos com eles, e as relações diplomáticas com as democracias moribundas infestam os Estados Unidos.

Não faltarão coisas a serem discutidas em Sheffield. A algumas semanas do congresso, porém, tudo parece indicar que algumas questões não serão mencionadas. Em tempo hábil, os principais participantes suecos redigiram um novo documento em que discutem os pressupostos do congresso e as linhas gerais de uma política para a paz. Ele mostra, infelizmente, um temor derrotado da realidade, uma fortíssima reticência em chamar as coisas pelos verdadeiros nomes e uma tendência geral a substituir avaliações concretas por obviedades bem-intencionadas. O documento sueco contido no programa da comissão de organização do evento é típico do clima cultural que se criou em torno do novo Congresso Mundial pela Paz:

«Das diversas opiniões expressas nas discussões, tinha-se a firme convicção de que a paz não pode ser imposta pela força, sendo somente consequência da cooperação pacífica entre as diversas classes sociais e também da disputa pacífica entre as diversas correntes de pensamento no interior dos países. Mesmo com discussões acaloradas, a troca livre de opiniões entre defensores de ideologias diferentes e de classes sociais distintas é condição necessária para a constituição de uma paz autêntica. Por esse motivo, a comissão organizadora definiu como sua principal tarefa a garantia de que todos os homens de boa vontade estejam presentes no congresso, independentemente de suas convicções, tendo como única condição necessária a defesa da paz.»

Muito obrigado pelas palavras, mas o que significa isso? Já se sabia de tudo antes: só existe paz quando ninguém faz guerra e os contatos próximos entre as pessoas livres de todos os países são um meio indispensável para uma política de paz. Com tanta obviedade, pode-se realmente obter a paz entre as Coreias? Quando os organizadores do congresso de Sheffield falam em «disputa pacífica entre as diversas correntes de pensamento» referem-se também às democráticas? Se não, por que não dizer claramente a que se referem? E por que nesse documento pela paz nunca se diz claramente quem são os responsáveis pela Guerra da Coreia? O que querem dizer com «homens de boa vontade»? Consideram o general norte-coreano, que no verão de 1950 assinou a tão exaltada declaração programática contra o armamento nuclear de Estocolmo, um homem de boa vontade?

Essas inúmeras questões são inevitáveis, dada a gravidade da situação. Não se coloca em dúvida a boa vontade de muitos dos que assinaram o documento sueco. Porém coloca-se em dúvida se a boa vontade é maior do que a verdade. É notório que o documento de Estocolmo foi usado sem escrúpulos como álibi para a Guerra da Coreia, para a formação de novas polícias populares e para perseguições aos pacifistas, de modo que ninguém pode afirmar que o documento serviu à causa da paz. Ocorreu justamente o contrário. Suscitou, antes de tudo, desconfiança contra a política pacifista. As formulações vagas transformaram o documento em uma arma contra si próprio.

Dizem que um gato não tem dono. Da mesma maneira, não há homem de boa vontade que se submeta a um documento como o de Estocolmo e o de Sheffield. São formulações abstratas, tão deliberadamente vazias de sentido e temerosas de chamar as coisas pelos nomes que qualquer ladrãozinho da paz pega apenas aquilo que lhe interessa. A propaganda de armas eficazes é uma das campanhas pacifistas mais hipócritas da Guerra Fria. Os verdadeiros homens de boa vontade deveriam guardar suas forças para propostas melhores. Silenciar em vez de denunciar não presta nenhum serviço à paz. Pelo contrário: atrapalha, porque não expõe as causas da guerra.

Depois do caso da Coreia, fica claro que a conivência do silêncio não leva à paz. A única coisa que pode favorecê-la é a informação sobre as violações e os projetos de violação. Depois do exemplo coreano, os pacifistas não têm nenhum motivo decente para falar explicitamente em «grito de guerra» ou, para usar um termo que se encontra no trecho sueco do documento de Sheffield, «psicose de guerra». Na situação atual, existem todos os motivos, não sem fundamento, para falar em temor e razões ainda maiores para indicar quais são suas origens. Por que ofender em Sheffield quem tem medo? Por que trair em Sheffield todos os refugiados de uma parte da cortina de ferro e todos os perseguidos da outra, culpados unicamente por quererem defender o direto à liberdade de opinião entre ideologias diferentes, que a comissão organizadora do congresso afirma apreciar tanto?

Pode-se objetar que a intenção de unir todos os defensores da paz em um mesmo balaio seja a razão de toda a cautela contida no novo documento. A resposta a tal objeção é que não deveria existir um balaio tão grande onde caiba quem julgue estar prestando grande serviço à paz deixando estourar a Guerra da Coreia. Nesse contexto, seria também interessante saber por qual razão tática o nome do comunista Per-Olov Zennström não aparece nas assinaturas, mesmo sendo o proponente do documento.

A ideia de organizar um congresso pela paz em um centro de produção industrial militar é ótima. Mas seria ainda melhor organizá-lo em um campo de batalha, de refugiados ou de concentração, um lugar onde os participantes compreendessem concretamente qual é o maior perigo para o mundo: a ameaça à paz ou à democracia.

A ditadura do luto

1950

Publicado como editorial no jornal *Arbetaren* em 4 de novembro de 1950. Em 29 de outubro falecera no castelo de Drottningholm o rei da Suécia Gustavo v (1858-1950), coroado em 1907.

A jornalista Barbro Alving (1909-87) assinava os seus artigos com o pseudônimo Bnag. A metáfora da «casa do povo» (*folkhemet*) para indicar o status social foi usada pelos sociais-democratas suecos desde o final da década de 1920.

Foi uma semana longa para os suecos. O luto exige tempo, mas, comparado com o oficial, o luto espontâneo parece muito rápido. De toda maneira, a semana passada foi muito instrutiva, pois, pela primeira vez, permitiu que se observasse em nosso país o surgimento de uma força assustadora, quando todos os meios de comunicação de uma sociedade moderna trabalham em sincronia com um mesmo objetivo: organizar um luto, construir um mito.

Aquilo que se viu não é nada mais que a orquestração de uma ditadura. Dos meios de comunicação, o que é bastante preocupante. Muitíssimo preocupante, na verdade. Uma democracia que em um ponto importante como este se dissolve tão facilmente deve ser para um democrata motivo de luto muito mais profundo do que o luto nacional. O conformismo derivado do sistema não pode jamais ser justificado, muito menos usando a conveniência como desculpa. Mesmo em situações como a morte de um soberano, existe um respeito que é maior do que aquele à dor da morte, que é o respeito à democracia.

Ninguém pode negar que ele foi colocado de lado quando os jornais de orientações diferentes, e mesmo adversários, abandonaram tranquilamente seus compromissos democráticos para se dedicarem à criação de um clima de consternação geral que degenerou numa inquestionável mentira nacional. Não se trata de colocar em questão a dor espontânea, que deve ser respeitada como todo sentimento autêntico. Repugnante é a dor organizada, porque é, na realidade, completamente privada de sentimento, além de ávida e falsa. Aprendemos na semana passada que o luto pode ser transformado em sensacionalismo e propaganda, em um grande entretenimento geral. Aprendemos também que a imprensa democrática pretende ser a intérprete da alma do povo, quando na verdade a está violentando. Não devemos esquecer o espetáculo impressionante que o jornalista Bang, do *Dagens Nyheter*, apresenta da iluminada ponte de Norrbro: o novo monarca solenemente deixando a vida para entrar para a história.

Essa ditadura não contaminou somente a imprensa. Os prédios públicos, vestindo o preto da hipocrisia, fecharam por luto. Nas ruas de comércio, as vitrines das lojas, repletas de retratos, faixas, bandeiras e velas acesas, se transformaram em salas de velório. Os ouvintes das rádios foram privados de ouvir músicas como *Då klack det till i Karlsson* [Sob os sapatos de Karlsson] para escutar *Land du välsignade* [Terra abençoada]. Até os republicanos federalistas participaram! E, mais ainda, durante a festa dos republicanos federalistas mundiais, em 2 de novembro, o soberano, símbolo mais elevado da nação, foi exaltado. Isso mesmo, celebrado por um movimento político supranacional!

Tudo isso pode parecer bobagem, mas, se for, são bobagens profundamente significativas, porque demonstram como a ditadura do luto é muito mais grave quando se manifesta em uma democracia. Ninguém pode afirmar que o defunto era um federalista mundial. Não há nenhuma razão para fingir que sua morte é uma grande perda para o movimento federalista. Não há problema nenhum com a música *Då klack det till i Karlsson*. Por que substituí-la pela *Land du välsignade*? Simplesmente porque a ditadura do luto exige. É só a monarquia exigir que logo se dá um jeito de desrespeitar a democracia.

Os republicanos do passado não viam problema em a democracia vir da casa do povo ou do castelo do monarca. Só era importante que fosse constitucional. Eles têm razão, se por democracia se entende exclusivamente uma técnica de poder ou uma máquina de governo. Um dia, porém, o termo já quis dizer outra coisa. Um dia teve também um caráter espiritual. Representava um sentimento e um modo de viver, um estilo e um sinal de dignidade. Era a expressão da inviolabilidade do indivíduo.

Se alguém ainda está disposto a atribuir à democracia esse significado, tem de reconhecer que a semana passada ofendeu gravemente os democratas, e é fácil ver no que consiste essa ofensa. Ela reside no fato de que uma única pessoa foi elevada acima de todas as outras, em parte por seus méritos, mas sobretudo por méritos que não possuía. O homem comum sofreu a humilhação de ser abandonado por todos aqueles que normalmente têm o privilégio de defender seus interesses. Quase todas as manifestações públicas tentaram convencê-lo de que nenhuma desgraça era tão grande como aquela que tinha acabado de acontecer. Chegou-se ao ponto de inculcar-lhe a impressão de que qualquer coisa que acontecesse naquele momento não teria espaço nos jornais, pois não havia dor maior a ser compartilhada. Um equilíbrio digno entre o que fez o monarca de fato e o que lhe atribuíram ter feito não existiu; foi uma traição vergonhosa.

Esta longa semana foi incrivelmente instrutiva. De um lado, confirmou aquilo que havia muito tempo suspeitávamos: a democracia da casa do povo não tem nada a ver com o sentido mais profundo de democracia. De outro, demonstrou que o princípio monárquico, agora mais do que nunca, é inconciliável com o princípio de dignidade humana. Por último, deflagrou que a maior parte dos democratas formadores de opinião deste país preza pelo instinto democrático tanto quanto um pedregulho do jardim do palácio real.

O futuro radioso...
Resposta a uma formanda

1952

A revista *Idum* pediu em 1952 a cinco formandas que escrevessem a outras tantas personalidades da cultura. Britt-Marie Tidbeck se dirigiu a Stig Dagerman fazendo-lhe a seguinte pergunta: «É justo iniciar uma atividade de estudo, se ainda não tenho ideia daquilo que quero me tornar nem do que sou capaz, e se estaria disposta a abandonar o trabalho caso fosse a melhor solução para um eventual matrimônio?». A resposta de Dagerman foi publicada no número 18 da revista.

Cara srta. Tidbeck, obrigado por escrever. Sua carta me causou grande alegria e um pouco de surpresa. Para ter a coragem de responder a questões que influenciam diretamente a vida de alguém, é preciso ser muito presunçoso ou estar muito bêbado. Meu primeiro conselho é o seguinte: não acredite em ninguém que diga poder resolver seus problemas e saber mais do que você sobre seu futuro. Aprendi com o tempo que os bons conselhos, além de custarem caro, na maioria dos casos não fazem nenhum sentido. Você é a primeira e a única autoridade em sua vida. Não confie nem mesmo nesta carta enquanto não experimentar na própria vida as palavras que aqui escrevo.

Uma frase da sua carta me fez pensar muito. Você fala da libertação que espera ter quando as portas do prédio se fecharem pela última vez e tiver terminado a escola. Exatamente neste período do ano, dez anos atrás, eu também esperava pelo milagre da libertação. Depois de tanto tempo, posso finalmente me perguntar se eu era mais livre na escola ou se o sou agora. Não se surpreenda se sou obrigado a responder que, em muitos aspectos, eu era uma pessoa muito mais livre dez anos atrás.

É claro que naqueles anos eu tinha, muitas vezes, para não dizer sempre, a sensação de que a escola era uma prisão, cujos guardas eram os professores e as aulas e lições de casa, os trabalhos forçados. Hoje, contudo, aprendi que aquela história de que se aprende na vida e não na escola é terrivelmente falsa. A vida, na verdade, não cobra nada do que se aprende nos livros, e sim nas formas de pressão que a escola nos faz experimentar e imprime em nós: no medo das provas, de chegar atrasado, de ser reprovado, de fracassar.

Parece, infelizmente, que as formas de escravidão da vida imitam as da escola, com a diferença de que as da vida são muito mais duras e impiedosas. O que é repetir o ano em comparação a ser mandado embora do emprego? É pior a hora do relógio do colégio que não passa ou a do relógio de ponto? Não é muito melhor ter um representante de classe do que um chefe? O que é um zero na redação comparado à reprovação da tese de doutorado? E finalmente: podíamos ser dependentes dos pais e submissos aos professores, mas estávamos seguros. Agora somos escravos da necessidade de ganhar dinheiro, ter uma carreira e nos tornarmos alguém na vida. Essa dependência é dez vezes pior. Ficamos contando as moedinhas até enquanto dormimos. Existem famílias que são obrigadas a viver em quitinetes. Tem gente que estaria mais livre no cárcere do que no mundo em que vive, e mais saudável no hospital do que nos impiedosos campos de batalha na luta pela vida.

Pareço prolixo e pessimista, mas me sinto obrigado a dizer tudo isso porque me preocupo com você. E me preocupo justamente porque você está em uma idade em que se começa a intuir a ideia de liberdade. Por esse motivo, torno a insistir veementemente: desconfie da liberdade que a vida lhe oferecer, porque ela será bem pouca. Porém mantenha o quanto puder a ideia de liberdade que está experimentando no momento e que será sua maior recordação da escola, porque é a coisa mais preciosa que você possui. Se for bastante enraizada, ajudará você mais do que qualquer conselho sobre a vida e as coisas do coração, como aconteceu comigo nos momentos em que a vida se apresentava como um completo deserto.

Quero dizer o seguinte com isso: viaje, leia ou trabalhe. No seu íntimo, você sabe o que deve fazer. Independentemente disso, não se esqueça de não ser jamais prisioneira do caminho que escolher. Você tem todo o direito de mudar se achar que corre riscos ao não fazê-lo. A vida vai lhe fazer cobranças repugnantes. Por isso, é preciso ter a consciência de que a coisa mais importante não são suas conquistas, mas seu desenvolvimento como pessoa correta e boa. Não tenha medo de responder às diversas pessoas que vão lhe dizer que este conselho é de alguém antissocial – quando a sociedade se torna impiedosa e nega a vida, é melhor ser antissocial do que desumano.

Para encerrar, faça boa viagem, não importa a estrada que escolher trilhar. Desejo-lhe todo o sucesso do mundo e, ainda mais, duas coisas que atrapalham o sucesso exterior e têm todo o direito de fazê-lo porque são importantes: o amor e a liberdade.

Boa sorte nos exames, no grande dia! Conte-me depois, daqui a dez anos, como foi a viagem.

Com afeto,
Stig Dagerman

Passeando pelas ruas de Klara

1952

Publicado no jornal *Arbetaren* em 24 de dezembro de 1952. Em março de 1952 teve início o processo de radical reestruturação que levou, ao longo dos anos 1950 e 1960, à demolição do velho bairro central de Klara – que devia o seu nome à Klarakyrka, a igreja de Santa Clara – e à sua substituição pelo moderno complexo conhecido como *Stockholms city*.

O escritor Lars Ahlin (1915-97) estreou em 1943 com o romance *Tab e o manifesto*. O ministro da justiça ao qual se faz referência é Karl Gustav Westman (1876-1944), expoente da Liga dos Campesinos. Durante a guerra, Westman foi promotor de uma restrição da liberdade de imprensa que atingiu quem denunciava os crimes nazistas. A organização de inspiração nazista Svensk Opposition (Oposição sueca) foi fundada em 1941 pelo fascista sueco Per Engdahl (1909-94).

A memória é ciumenta e totalmente irracional. Quando uma casa antiga é demolida, ela cambaleia, apoia-se em seus alicerces e implora: «Parem, não pertenço a vocês!». Os operários, porém, continuam tranquilamente seu trabalho, enquanto o guindaste nem dá bola para nada. A razão está com ele. Sabe que trabalha para o desenvolvimento, o qual sempre tem razão. É como se o engenheiro do progresso dissesse: «Esta cidade é extraordinariamente bela, mas tem um defeito: suas construções. Todas as construções, exceção feita aos prédios do fisco e da polícia, são uma abominação para uma cidade moderna. Casas são feitas para serem construídas entre os bosques e os campos, onde não atrapalham a circulação do tráfego nem o desenvolvimento econômico. Construam casas na periferia, em Bandhagen ou Vällingby! Xô, xô».

Não quero parecer, porém, um nostálgico que se lamenta pela infância perdida. Sempre se demoliram casas e as pessoas sempre choraram pelos tijolos derramados. Sempre foi difícil entender isso, mas um dia também vão chorar quando o novo prédio ficar velho e for demolido. E, mesmo que fosse um barraco a ser mandado para baixo, ainda teria memória.

Um dia desses, passeando no fim da tarde pela rua Klaraberg, aquela viela estreita com iluminação aconchegante que misteriosamente conseguia manter seus lampiões a óleo e gás, percebi que havia alguma coisa estranha. A rua estava mais escura do que o normal. Do lado esquerdo, vindo da rua Drottning e por um bom pedaço da descida, não havia iluminação. As casas estavam vazias e escuras, e as fachadas haviam sido cobertas com placas e panos. Tinham começado a demoli-las para construir a grande avenida.

Jamais entrei naquelas casas. Talvez não tenha nem mesmo reparado nelas, pois nas grandes cidades não se levantam os olhos para uma casa que não seja a própria. Certamente não eram construções notáveis nem por sua arquitetura nem por seu conforto. A única coisa que se notava era que a rua tinha se transformado em um lugar frio. A memória reclamava, dizendo: «Deixem-nas em paz, são minhas casas. Vocês não podem demolir o bairro de Klara». «E por que não?», perguntava a razão. Ao que a memória respondia: «Porque foi nesse pedaço do mundo que você viveu os momentos mais belos e mais intensos da sua vida. Todas essas casas do bairro de Klara foram cenário dos seus sonhos, pano de fundo dos seus passeios, testemunhas das suas conspirações».

Desci a rua lentamente. O vento fez bater uma janela. Estava sozinho naquele inverno, e, ao mesmo tempo, não estava. De repente, havia envelhecido cinquenta anos, pensando com tristeza e comoção no passado, nos anos do Tab e o manifesto, quando caminhava por aquela rua com Lars Ahlin da delegacia à redação. Eu falava de sonhos mirabolantes e das melhores e mais belas perspectivas de futuro. Ele procurava pôr meus pés no chão, falando de questões sociais e religiosas com conteúdo difícil e sério, que eu só viria a compreender muito tempo depois. Nessa rua aprendi dolorosamente que boa parte da minha vida fora fundada sobre um egocentrismo romântico. Outro passeio memorável e felicíssimo se dera no dia da publicação da minha primeira resenha. Andava empolgado pela calçada com o jornal aberto, tolamente convencido de que havia feito algo grandioso.

A esquina entre Klarabergsgata e Klara Västra Kyrkogata marca hoje um limite. Aqui, por enquanto, a expansão não avança. Nessa esquina, que dá para o lado oeste da igreja, paro um pouquinho e me vem uma sensação estranha. Quando a última dessas construções condenadas for demolida, perderei algo que jamais possuí e que contraditoriamente possuí de alguma forma. Nesse prédio, que agora é um hotel fechado, morreu um homem, por invenção minha. Nessa construção condenada está o hotel onde ambientei meu romance *A serpente*. No último andar, em um quarto que jamais vi e jamais verei, o escritor Scriver encontrou seus amigos pela última vez e teve a conversa que o levou à morte.

Desde então esse edifício de esquina é um lugar de luto para mim. Às vezes, passando por aqui, tento me colocar na pele de Scriver no momento em que faz suas derradeiras reflexões políticas e literárias. Pálido e levemente bêbado, vai à janela e dá as costas para a rua. Apesar dos apelos dos amigos, tenta ir à janela seguinte. Não consegue jamais. Cai de lá de cima e a única coisa que leva deste mundo é a haste de uma bandeirinha da *Svenska Morgonbladet* perdida pela rua. Com a demolição desse prédio, perco algo insubstituível, o local da morte simbólica do meu alter ego imaginário.

Do hotel onde morreu Scriver até o local de meu nascimento espiritual, a redação da *Svenska Morgonbladet*, é um pulo. Não é por orgulho de pertencer a este bairro que encontro entre as ruas que vão da catedral até a estação de trem a quintessência do conceito de «Klara». Klara é a residência natural dos conspiradores, um lugar onde todos os infelizes da cidade (e do país) se reúnem em defesa de palavras de ordem, em artigos contundentes e furiosas cartas abertas. Se estourasse a revolução na Suécia, seu quartel-general seria Klara, com sua tradição de liberdade e independência, suas ruas estreitas e fáceis de defender, e caixas de coleta postal que se enchem rapidamente.

Klara tem também outro rosto, vaidoso. O rosto com que Estocolmo se apresenta ao mundo. É a parte leste da rua Vasa, com suas suntuosas muralhas, caminho da família real quando chega da estação central. Sempre suspeitei do profundo simbolismo escondido no fato de que tão nobre família se alojasse no luxuosíssimo Hotel Continental, justamente do lado oposto do jornal *Arbetaren* e de dois hoteizinhos simples. Já cheguei a imaginar o que aconteceria se, numa noite repleta de serração, com a ajuda de alguns conspiradores, eu conseguisse inverter os lados, fazendo os hóspedes trocarem de hotel e a fanfarra do *Arbetaren* desse as boas-vindas à família real no hotel fuleiro; certamente seria mais divertido do que passar a noite no tedioso Hotel Continental, de costas para o cemitério.

Pensamentos sem sentido algum, até porque fecharam o Hotel Continental para a construção do metrô. O simbolismo, entretanto, não perdeu seu valor, ficando ainda mais evidente, porque o prédio foi alugado por uma firma revendedora de artigos de luxo penhorados. O panorama que se abre à família real e aos passantes agora é o do então Hotel Continental, todo iluminado, com lustres de cristal, móveis refinados, objetos de arte valiosos e tapetes luxuosos. Os estrangeiros podem pensar que se trata do palácio de um milionário, sem saber que se trata de um mausoléu em memória de ricos decadentes.

Falei em «conspiradores». Quando, em breve, desaparecer por completo o prédio, estará sepultado debaixo dos escombros o local que abrigou os brilhantes conspiradores da minha primeira juventude. Em 1942, assumi a direção do jornal *Storm*. Os acontecimentos no mundo fizeram com que as pessoas envelhecessem pelo menos cinquenta anos, mas talvez alguns se lembrem de que naquela época havia um ditador no ápice do poder. Pode ser que nem todos tenham se esquecido de que havia um ministro da Justiça que tinha como lema «confiscar sem ação judicial». Pode ser também que alguém se lembre daqueles homens fortes e encapuzados que povoavam as ruas Klara. Eles fumavam nos portões e nos recantos da rua, tímidos demais para chamar a atenção dos que passavam. Às vezes, porém, surgia alguém interessante e eles o seguiam à distância, discretos demais para chegarem aonde queriam.

Nesse mesmo ano, eu fazia as refeições com colegas de redação num restaurantezinho na Regering. Era o ponto de encontro dos jovens refugiados noruegueses. Por azar, do outro lado da rua, ficava a sede da repugnante Svensk Opposition, que expunha na vitrine seus cartazes propagandísticos, justamente naquele ano repleto de fuzilamentos, o que tirava o apetite dos noruegueses. No fim, nós, os suecos, julgávamos ser o momento de salvar a nação, já que nenhum outro país iria fazê-lo. Uma tarde de verão, os conspiradores se reuniram na redação. «A SO é nazista», dizia o texto, referindo-se claramente à Svensk Opposition, que se obstinava a negar tolamente sua inspiração nazista. Entusiasmado, apareceu um pintor com pincéis, tintas e as maiores folhas de papel disponíveis na papelaria. A redação fechou as portas e ele criou, com cores vivas, cartazes ofensivos.

Infelizmente nenhum dos conspiradores era um gênio da propaganda. Queríamos que os cartazes fossem fixados nas ruas e aguentassem a exposição por anos. Alguém ligou para um especialista para pedir conselhos. Ele mandou passar clara de ovo. Não sei onde, mas, seguramente de modo honesto, arrumaram os ovos. Com as portas fechadas, passaram clara de ovo nos cartazes. Em seguida, os conspiradores se organizaram para sair pelas ruas durante a noite e fixá-los. Uma da madrugada foi o horário combinado. Alguém saiu para buscar o material. Como não voltava, fomos atrás e o encontramos rindo copiosamente. Tínhamos entendido mal a história da clara. O resultado foi que os cartazes tinham se transformado em películas tão rígidas e frágeis que qualquer esbarrão era o suficiente para despedaçá-los.

Em velocidade vertiginosa e sem assistência artística, começamos a reproduzir algumas obras de arte. Partimos para as ruas pouco antes do nascer do sol. Os conspiradores se dispersaram por Klara. Cheguei ao local do crime de bicicleta, carregando um grande tubo de cola. Assoviando a Marselhesa, nós nos reunimos na esquina combinada. A rua estava deserta; até a polícia dormia. Com rapidez e em silêncio, fixamos os cartazes nas vitrines, e três minutos mais tarde nos reencontramos perto da Igreja de São João, sem termos sido pegos.

No dia seguinte ressoavam cantos na Regering. As janelas do restaurantezinho estavam repletas de noruegueses cantando e exaltando. Do outro lado da rua, havia apenas um «opositor sueco», que, protegido por um guarda, passava o canivete nos cartazes. Os conspiradores se uniram aos curiosos e, por muitas horas, contemplaram a obra de arte. O triunfo foi coroado em seguida com uma página ilustrada da revista *SE*, que merecidamente homenageava os «autores desconhecidos do ocorrido».

Essa é certamente uma das menores conspirações nascidas em Klara. Houve outras, que serão caladas pela história quando chegar o triste momento em que o operador do guindaste der o golpe final no Hotel Continental e o último conspirador morrer atropelado por um carro alemão no local onde estava o bar em que se sentava para beber com seus companheiros. Da luz cintilante e eternamente calorosa dos sinos de Santa Clara surgirá talvez um novo Musset para cantar aqueles tempos estranhos em que a cidade não era somente um estacionamento, um centro de reunião de acidentes viários e um ponto de recolhimento de impostos, mas um lugar onde os homens podiam viver uma vida não natural e morrer de morte natural.

Biblioteca Âyiné

1 Por que o liberalismo fracassou?
   Patrick J. Deneen
2 Contra o ódio
   Carolin Emcke
3 Reflexões sobre as causas da liberdade
   e da opressão social
   Simone Weil
4 Onde foram parar os intelectuais?
   Enzo Traverso
5 A língua de Trump
   Bérengère Viennot
6 O liberalismo em retirada
   Edward Luce
7 A voz da educação liberal
   Michael Oakeshott
8 Pela supressão dos partidos políticos
   Simone Weil
9 Direita e esquerda na literatura
   Alfonso Berardinelli
10 Diagnóstico e destino
   Vittorio Lingiardi
11 A piada judaica
   Devorah Baum
12 A política do impossível
   Stig Dagerman

Composto em Baskerville e Helvetica
Impresso pela gráfica Formato
Belo Horizonte, 2021